...S ET DÉCRETS

...TS D'ADMINISTRATION PUBLIQUE

...ÉS & CIRCULAIRES MINISTÉRIELS

publiés et annotés par

F. GUYON et **E. VIDEMENT**

LOI DU 17 AVRIL 1907

concernant la

SÉCURITÉ de la NAVIGATION MARITIME

ET LA

RÉGLEMENTATION DU TRAVAIL

à bord des navires de commerce

PRIX : **0 fr. 50**

SAINT-BRIEUC

Francisque GUYON

Imprimeur-Éditeur

LOI DU 17 AVRIL 1907

concernant la

SÉCURITÉ de la NAVIGATION MARITIME

ET LA

RÉGLEMENTATION DU TRAVAIL

à bord des navires de commerce

————:o:————

TITRE I

De la sécurité de la navigation maritime.

TITRE II

Réglementation du travail à bord des navires.

TITRE III

Pénalités.

TITRE IV

TITRE Ier

De la sécurité de la navigation maritime.

CHAPITRE Ier

Navires nouvellement construits et navires nouvellement acquis à l'étranger.

ART. 1er. — Aucun navire français à voiles, à vapeur ou à propulsion mécanique, de commerce ou de pêche ou de plaisance, de plus de 25 tonneaux de jauge brute, ne peut être mis en service sans un permis de navigation délivré par l'administrateur de l'inscription maritime après constatation, par la commission prévue à l'article 4 ci-après :

1° Que toutes les parties du navire sont dans de bonnes conditions de construction et de conservation, de navigabilité et de fonctionnement, ou que le navire est coté à la première cote d'un des registres de classification désignés par arrêté du ministre de la marine, après avis du conseil supérieur de la navigation maritime ;

2° Qu'il a été satisfait au règlement d'administration publique prévu à l'article 53 ci-après, concernant l'aménagement, l'habitabilité et la salubrité des locaux de toute nature ;

3° Que le navire est pourvu des instruments et documents nautiques, ainsi que des objets d'armement et de rechange énumérés dans le même règlement ;

4° Que l'installation à bord et le fonctionnement des embarcations et des appareils ou engins de sauvetage, ainsi que le matériel médical, sont conformes aux dispositions du même règlement ;

5° Que les prescriptions de ce règlement relatives au calcul du tirant d'eau maximum et aux marques indiquant ce maximum sur la coque du navire ont été observées. Le certificat de franc bord délivré par une société de classification reconnue par le ministre de la marine pourra tenir lieu de cette constatation ;

6° S'il s'agit d'un bateau à vapeur, ou qui comporte des appareils à vapeur, que ces appareils satisfont aux conditions qui seront prescrites dans le règlement d'administration publique prévu à l'article 53 de la présente loi ;

7° Que le nombre maximum des passagers de toute catégorie, pouvant être embarqués sur le navire, est conforme aux prescriptions du règlement d'administration publique prévu à l'article 53 de la présente loi.

Art. 2. — Pour les navires construits en France, les constatations prescrites au précédent article sont effectuées :

a) Pour celles qui sont relatives à la coque, dans le port de construction, où cette première visite a toujours lieu à sec. Les navires cotés à la première cote de l'un des registres de classification indiqués ci-dessus seront dispensés de cette constatation ;

b) Pour toutes les autres, dans le port où doit avoir lieu le premier armement du navire.

Pour les navires construits sous le régime de la loi du 19 avril 1906 (1), les constatations ci-dessus dispensent de celles prévues par l'article 4 de la loi du 30 janvier 1893 (2).

---

(1) **La loi du 19 avril 1906** accorde :
1° Aux constructeurs de bâtiments de mer destinés à la marine marchande et dont la coque, les machines et les chaudières ont été construites en France, des primes variables suivant la nature et le tonnage des navires ;
2° Aux bâtiments de mer de construction française et étrangère, armés sous pavillon français pour le long-cours ou le cabotage international, francisés à partir du 19 avril 1906, sous réserve pour les navires construits en France et à l'étranger, d'avoir leur port d'attache situé en France, et pour les navires construits à l'étranger, d'être âgés de moins de deux ans au moment de leur francisation, des compensations d'armement, déterminées d'après le nombre de jours d'armement administratif, la nature et le tonnage du navire.
(2) Aux termes de l'art. **4 de la loi du 30 janvier 1893,** les primes à la construction maritime déterminées par les

Pour les navires construits ou acquis à l'étranger, les mêmes constatations ont lieu dans les mêmes conditions, dans le port de France où le navire est conduit pour être francisé.

Art. 3. — Aucun navire étranger ne pourra embarquer des passagers dans un port français s'il n'a fait constater par la commission prévue à l'article 4 ci-après qu'il satisfait aux conditions imposées aux navires français par l'article 1er de la présente loi.

Toutefois, les navires susvisés seront dispensés de ces constatations sur présentation, par les capitaines, de certificats de leur gouvernement reconnus, par le ministre de la marine, équivalents au permis de navigation français et à condition que les mêmes avantages soient assurés aux navires français dans les ports de leur nationalité.

Art. 4. — Les différentes constatations visées à l'article 1er sont effectuées, partout où il y aura lieu d'en constituer, par des commissions de visite composées chacune comme suit :

L'administrateur de l'inscription maritime du quartier, ou, en cas d'empêchement, l'administrateur qui lui est adjoint ou qui peut lui être adjoint à cet effet ;

L'inspecteur de la navigation maritime prévu à l'article 7 de la présente loi ;

Un capitaine au long-cours ayant accompli en cette qualité au moins quatre années de commandement ;

Un autre navigateur, soit capitaine au long-cours s'il s'agit de navigation au long-cours, soit maître au cabotage s'il s'agit de petit cabotage ou de pêche, ayant accompli quatre années au moins de navigation en l'une de ces qualités, les maîtres au cabotage devant être munis du brevet supérieur, lorsqu'il s'agit de na-

---

art. 2 et 3 de cette même loi ne sont définitivement acquises que lorsqu'il est justifié de la francisation du navire. En ce qui concerne les navires construits en France pour les marines marchandes de l'étranger, les primes ne sont acquises que lorsque le navire a pris ses expéditions.

vires.à vapeur ou à propulsion mécanique : à défaut,
un officier de marine en activité ou en retraite ;

Un ingénieur des constructions navales, en activité
ou en retraite, ou un ingénieur civil, de nationalité
française ;

Un représentant des compagnies françaises d'assu-
rances maritimes ;

Un expert, de nationalité française, appartenant à
une société française de classification ;

Un officier mécanicien breveté de la marine marchande ayant au moins quatre ans de navigation maritime en cette qualité ; à défaut, un officier mécanicien
de la marine, en activité ou en retraite ;

Le directeur de la santé du port ou un médecin sani-
taire le suppléant ; à défaut, un médecin maritime en
activité ou en retraite, ou un médecin civil ;

Un représentant des armateurs et un représentant du
personnel soit du pont, soit des machines, soit du service général, selon la visite dont il s'agit, prennent part
aux délibérations de la commission avec voix délibérative, le représentant du personnel devant avoir au
moins soixante mois de navigation.

L'administrateur de l'inscription maritime est président de la commission.

Il devra dresser, au commencement de chaque année,
une liste générale des personnes rentrant dans les catégories ci-dessus énoncées et susceptibles de faire partie
des commissions de visite prévues au présent article.
Cette liste sera soumise à l'approbation du ministre de
la marine et à celle du ministre du commerce et de
l'industrie en ce qui concerne la désignation des représentants des armateurs et des assureurs.

L'administrateur de l'inscription maritime désignera
sur cette liste, par roulement, à moins d'impossibilité,
en tenant compte des absences et autres empêchements,
les membres de la commission qui sera chargée, pendant une période déterminée, de toutes les visites des
bâtiments nouvellement construits ou nouvellement
acquis à l'étranger.

Le représentant des armateurs, le capitaine au long-
cours, et le représentant du personnel naviguant seront

désignés par l'administrateur de l'inscription maritime sur des listes dressées par chacun des groupements professionnels intéressés.

Ils ne devront pas avoir encouru de condamnation pour infractions à la présente loi.

CHAPITRE II

Navires en service.

ART. 5. — Après leur mise en service, les navires français visés à l'article 1er devront être examinés, dans les ports de France ou dans ceux des colonies qui auront été désignés par décret, lorsque douze mois se seront écoulés depuis la dernière visite qu'ils auront subie.

Les navires arrivant dans un de ces ports après le délai de douze mois pourront être dispensés de la visite ci-dessus prescrite dans ce port, s'ils n'y laissent qu'une partie de leur chargement, et s'ils se rendent, dans le délai d'un mois, à un des autres ports désignés par décret, où ils devront la subir.

Ils devront être visités également dans l'intervalle, par décision de l'administrateur de l'inscription maritime, toutes les fois qu'ils ont subi de graves avaries, ou de notables changements dans leur construction ou dans leurs aménagements, et chaque fois que l'armateur en fait la demande.

Ces visites porteront sur la coque, l'armement et les appareils à vapeur on à propulsion mécanique.

Les navires à visiter seront laissés à flot, à moins que la commission chargée, conformément à l'article 6 ci-après, de la visite, n'en décide autrement.

La commission pourra exiger, si elle le juge indispensable, que le navire lui soit présenté à l'état lège.

Toutefois, ceux qui sont affectés à une navigation de long-cours ou de cabotage international, aux grandes pêches ou à la pêche au large, à voiles, à vapeur ou à propulsion mécanique, ne pourront passer plus de trois ans s'ils sont en bois, plus de dix-huit mois s'ils sont en fer ou en acier, sans être visités à sec, soit dans un port de France, soit dans un port des colonies désigné par décret, conformément aux prescriptions du premier paragraphe du présent article.

Pour l'exécution de cette prescription, les armateurs devront faire connaître à l'administrateur de l'inscription maritime le moment où leurs navires passeront en cale sèche. Les visites à sec prescrites devront coïncider, si les délais indiqués au paragraphe précédent le permettent, avec le passage des navires en cale sèche.

Les navires qui auront conservé la première cote à l'un des registres de classification désignés comme il est dit à l'article 1er ci-dessus seront dispensés de l'obligation des visites à sec.

Les navires étrangers prenant des passagers dans les ports français seront soumis dans ces ports aux visites annuelles et aux visites après avaries graves ou notables changements prescrites par le présent article.

Toutefois, ils seront dispensés de ces visites sur présentation, par les capitaines, de certificats de leur gouvernement, reconnus par le ministre de la marine, équivalents aux certificats de visite français et à condition que les mêmes avantages soient assurés aux navires français dans les ports de leur nationalité.

Art. 6. — Les visites indiquées à l'article précédent sont effectuées par une commission composée de l'administrateur de l'inscription maritime, président, de l'inspecteur de la navigation maritime et d'au moins deux experts techniques pris par roulement, à moins d'impossibilité par l'administrateur de l'inscription maritime sur la liste générale prévue au paragraphe 13 de l'article 4 de la présente loi, parmi les officiers de marine, capitaines au long-cours, officiers mécaniciens de la marine marchande, ou parmi les ingénieurs, suivant le cas.

Art. 7. — Il sera créé dans chacun des ports désignés par décret, sous l'autorité de l'administrateur de l'inscription maritime, un inspecteur de la navigation maritime qui visitera tout navire français ou étranger en partance pour un voyage au long-cours, au cabotage national ou international, ou pour une campagne aux grandes pêches, et s'assurera que ce navire est dans de bonnes conditions de conservation et de navigabilité ; que les générateurs de vapeur, l'appareil moteur et tous les appareils à vapeur ou autres appareils mécaniques accessoires sont en bon état ; que les instruments nautiques sont en bon état de fonctionnement ; que les cartes marines ou tous documents nécessaires peuvent être utilisés pour le voyage projeté ; que l'effectif est suffisant pour assurer normalement l'exécution des articles 21 à 30 ci-après eu égard à la navigation entreprise, et, d'une manière générale, que le navire satisfait aux prescriptions des divers paragraphes de l'article 1er de la présente loi.

Il examinera les vivres, les boissons, l'eau potable et s'assurera que les prescriptions de l'article 31 ci-après, sont observées ; il pourra, à cet effet, ordonner tout prélèvement de vivres, de boissons ou d'eau potable, ainsi que toute analyse ou autre moyen de vérification.

Les visites de partance ne seront jamais obligatoires qu'une fois par mois, dans le même port, pour les navires y revenant à intervalles plus fréquents.

Toutefois, l'inspecteur de la navigation maritime pourra, quand il le jugera utile, visiter tout navire présent dans le port.

Il visitera tout navire qu'une plainte précise et circonstanciée, envoyée en temps utile pour que le départ du navire ne soit pas retardé et signée par au moins trois hommes de l'équipage, lui aura signalé comme se trouvant dans de mauvaises conditions de navigabilité, d'hygiène ou d'approvisionnement en vivres et boissons.

Il interdira ou ajournera jusqu'à l'exécution de ses prescriptions le départ de tout navire, de quelque catégorie et de quelque nationalité qu'il soit, qui, par son état de vétusté, son défaut de stabilité, les conditions de son chargement ou pour toute autre cause prévue à l'article 1er de la présente loi, lui semblera ne pouvoir prendre la mer sans péril pour l'équipage ou les passagers.

Les motifs de l'interdiction seront notifiés immédiatement par écrit au capitaine du navire.

Art. 8. — Le capitaine du navire à qui l'autorisation de départ aura été refusée, ou qui jugera excessives les prescriptions de l'inspecteur de la navigation maritime pourra faire appel de cette décision auprès de l'administrateur de l'inscription maritime. Celui-ci, dans le délai de vingt quatre heures, devra faire procéder à une contre-visite par une commission composée de trois experts pris par roulement, à moins d'impossibilité, sur la liste générale prévue au paragraphe 13 de l'article 4 de la présente loi, parmi les officiers de marine, capitaines au long cours, officiers mécaniciens de la marine marchande, ou parmi les ingénieurs, suivant le cas.

Cette commission statuera après avoir entendu l'inspecteur de la navigation maritime et l'appelant, et hors leur présence.

Art. 9. — Les inspecteurs de la navigation maritime seront nommés par le ministre de la marine qui les choisira, autant que possible, parmi les capitaines au long cours et les maîtres au cabotage ayant exercé pendant au moins quatre ans un commandement à la mer, ou, au besoin, parmi les officiers de marine en retraite.

Les capitaines visiteurs actuels sont aptes à être nommés inspecteurs de la navigation maritime. Ils peuvent également être adjoints à l'inspecteur titulaire.

Un décret rendu sur la proposition du ministre de la marine et du ministre du commerce et de l'industrie après avis du conseil supérieur de la navigation maritime déterminera l'organisation, le recrutement et la hiérarchie de ces agents, dont le nombre et le traitement seront fixés par le même décret.

Leur traitement sera cumulable avec les pensions ou demi-soldes dont ils seront titulaires.

CHAPITRE III

Du permis de navigation.

Art. 10. — Toute demande de permis de navigation est adressée par le propriétaire du navire à l'administrateur de l'inscription maritime du port d'armement de ce navire.

Dans sa demande, le propriétaire fait connaître :

1° Le nom du navire, son port d'attache ;

2° Ses principales dimensions, son tirant d'eau, lège et au maximum de charge, et le déplacement qui ne doit pas être dépassé, exprimé en tonneaux de 1,000 kilogr ;

3° Les hauteurs de la ligne de flottaison correspondant au déplacement maximum rapporté à des points de repère invariablement établis au-dessus de cette flottaison à l'avant, à l'arrière et au milieu du navire ;

4° Le service auquel le navire est destiné (transport des passagers ou marchandises, remorquage, etc.), et le genre de navigation qu'il est appelé à faire (long cours, cabotage, bornage) ;

5° Le nombre maximum de passagers qui pourront être reçus dans le navire.

S'il s'agit d'un navire à vapeur ou comportant des appareils à vapeur, le propriétaire devra fournir, en outre, les renseignements spéciaux qui seront indiqués dans le règlement d'administration publique prévu à l'article 53.

Art. 11. — Toute visite qui sera faite, soit à un navire neuf ou nouvellement francisé, soit à un navire en service, devra être l'objet d'un procès-verbal où seront enregistrées toutes les constatations qui auront été faites.

Ce procès-verbal, signé par tous ceux, agents administratifs, officiers ou experts, qui auront pris part à la visite, sera transmis sans retard, par l'administrateur de l'inscription maritime au ministre de la marine.

Toutefois, les procès-verbaux des visites faites aux navires en partance ne seront transmis au ministre de la marine que lorsque les constatations faites par l'inspecteur de la navigation maritime auront eu pour effet le refus ou l'ajournement de l'autorisation de départ.

Les constatations mentionnées dans chaque procès-verbal seront inscrites sur un registre spécial qui sera tenu à bord et devra être présenté à toute réquisition des officiers ou agents chargés de la police de la navigation maritime.

Art. 12. — Sur le vu des procès-verbaux indiqués à l'article précédent, lorsqu'un navire neuf ou nouvellement francisé ou en service n'aura été l'objet d'aucune observation ou réserve de la part d'aucune des commissions qui l'auront visité, il sera délivré le plus rapidement possible et au plus tard dans les vingt-quatre heures, par l'administrateur de l'inscription maritime, un permis de navigation qui sera valable jusqu'à la visite suivante.

S'il s'agit d'un navire en partance et que la visite de l'inspecteur de la navigation maritime n'ait donné lieu à aucune opposition, l'autorisation de départ résultera simplement du certificat de visite.

Art. 13. — Si, au cours de la visite d'un navire nouvellement construit ou nouvellement francisé, la commission instituée à l'article 4 estime que les conditions de sécurité ou de salubrité indiquées à l'article 1er ne sont pas toutes remplies ou ne le sont qu'insuffisamment, il en est fait mention détaillée au procès-verbal indiqué à l'article 11, et le permis de navigation ne peut être délivré sans que la commission, après une nouvelle expertise, ait spécifié dans un nouveau procès-verbal qu'il a été satisfait à toutes ses observations ou réserves.

Pour ces visites complémentaires, la commission sera en droit de déléguer un ou plusieurs de ses membres.

Dès qu'il a été satisfait aux prescriptions de la commission, il est délivré, aussitôt que possible et au plus tard dans les vingt-quatre heures, un permis de navigation qui est valable jusqu'à la visite suivante.

Art. 14. — Si, au cours d'une des visites périodiques, ou éventuelles indiquées à l'article 5, il est reconnu que les conditions de sécurité ou de salubrité, prescrites par l'article 1er, ne sont pas remplies ou ne le sont qu'insuffisamment, l'administrateur de l'inscription maritime suspend le permis de navigation jusqu'à ce qu'il ait été donné entière satisfaction à ses observations ou réserves.

S'il juge qu'il y a lieu d'en prononcer le retrait définitif, il en réfère immédiatement au ministre de la marine, qui statue dans les formes indiquées aux articlees 18 et suivants ci-après.

ART. 15. — Aux colonies, la visite des navires neufs ou nouvellement francisés sera faite par une commission dont fera partie l'officier chargé de la police de la navigation maritime et dont les membres seront nommés par le gouverneur.

Cette commission se composera, autant que possible, des mêmes éléments que celle prévue à l'article 4 de la présente loi.

Dans le cas où la constitution des commissions ou la nomination des experts présenteraient des difficultés, il en serait référé au ministre de la marine qui, après avoir pris l'avis de la commission instituée à l'article 19, fixera dans quelles conditions ces commissions pourront être constituées et les experts désignés.

La visite des navires en cours de service sera faite par une commission composée de l'officier ou fonctionnaire chargé de la police de la navigation maritime et de deux experts nommés par le gouverneur.

Le gouverneur désignera le président de cette commission.

La visite des navires en partan.e sera faite par l'officier ou le fonctionnaire chargé de la police de la navigation maritime, lequel possédera tous les pouvoirs conférés par l'article 7 de la présente loi à l'inspecteur de la navigation.

Le capitaine qui n'acceptera pas la décision prise par cet officier ou fonctionnaire pourra en appeler au gouverneur qui devra statuer dans les vingt-quatre heures. Il pourra être appelé de la décision du gouverneur au ministre de la marine.

ART. 16. — A l'étranger, les visites des navires neufs ou nouvellement francisés sont effectuées sous l'autorité des consuls généraux, consuls ou vice-consuls de France, qui constitueront dans les limites du possible, des commissions semblables à celles prévues à l'article 4 et à l'article 6 de la présente loi.

Ces visites auront lieu dans les mêmes formes et il en est de même pour la délivrance du permis de navigation.

Dans le cas où la constitution des commissions ou la nomination des experts présenteraient des difficultés, il en serait référé au ministre de la marine qui, après avoir pris l'avis de la commission instituée à l'article 19, fixera dans quelles conditions ces commissions pourront être constituées ou les experts désignés.

A_{RT}. 17. — Lorsqu'un navire, visé à l'article 1er et construit en France, doit quitter le lieu où il a été construit pour se rendre dans le port de France ou d'Algérie où il doit effectuer son premier armement, il doit préalablement subir les formalités prescrites par les paragraphes 1er, 4 et 8 de l'article 1er et par l'article 4 ; il reçoit, dans les conditions indiquées aux articles 12, 13 et 14, un permis provisoire de navigation.

Lorsqu'un navire visé à l'article 1er construit en France et destiné à une marine étrangère, doit quitter le lieu où il a été construit pour son port de destination, il doit préalablement, si le voyage doit durer plus de quarante-huit heures, subir les formalités prescrites par les paragraphes 1, 4 et 8 de l'article 1er et par l'article 4 de la présente loi, et reçoit, dans les conditions des articles 12, 18 et 14 un permis provisoire de navigation ; si le voyage dure moins de quarante-huit heures, les prescriptions du paragraphe 1er du présent article lui sont applicables.

CHAPITRE IV

Commission supérieure.

A_{RT}. 18. — Les décisions prises par les commissions, visées aux articles 1, 4, 6 et 8 de la présente loi, pourront faire l'objet de pourvois devant le ministre de la marine qui devra d'urgence, transmettre, pour avis, les pourvois et réclamations du propriétaire ou du capitaine du navire à la commission supérieure instituée à l'article 19 ci-après :

Cette commission donne également au ministre de la marine son avis sur les dispositions spéciales que celui-ci peut être amené à prendre, pour l'application de la présente loi, et notamment pour la constitution des commissions prévues aux articles 4, 15 et 16 ou la nomination des experts prévues aux articles, 6, 15 et 16, dans les colonies ou dans les ports étrangers.

ART. 19. — La commission supérieure prévue à l'article précédent est composée ainsi qu'il suit :

Deux sénateurs ;

Trois députés ;

Un membre du conseil d'Etat ;

Le directeur de la navigation et des pêches maritimes au ministère de la marine ;

Le directeur de la marine marchande et des transports au ministère du commerce ;

Un officier général de la marine ;

Un officier général ou supérieur du génie maritime ;

Un officier général ou supérieur mécanicien de la marine ;

L'inspecteur général des services sanitaires de France ;

Un membre du conseil supérieur de santé de la marine ;

Deux armateurs ou représentants des sociétés d'armement ;

Un négociant, représentant des chargeurs ;

Un représentant des assureurs maritimes de natiolité française ;

Un représentant d'une société française de classification, de nationalité française ;

Un capitaine au long cours, ayant au moins quatre ans de commandement à la mer en cette qualité ;

Un officier mécanicien breveté de 1re classe de la marine marchande, avant au moins quatre ans de navigation maritime en cette qualité ;

Deux inscrits maritimes appartenant, l'un au personnel du pont, l'autre au personnel de la machine, ayant au moins soixante mois de navigation.

Tous les membres de cette commission sont nommés par le ministre de la marine pour trois années, à l'exception des armateurs, du négociant et des assureurs, qui seront nommés, pour le même temps, par le ministre du commerce et de l'industrie.

Le capitaine au long cours, l'officier mécanicien de la marine marchande et les inscrits maritimes sont nommés par le ministre de la marine sur des listes présentées par les groupements intéressés.

Les deux armateurs ou représentants des sociétés d'armement sont nommés par le ministre du commerce et de l'industrie sur des listes présentées par les groupements intéressés.

Dans les cas prévus aux paragraphes 3 des articles 15 et 16, le directeur compétent au département des colonies ou le directeur des consulats au département des affaires étrangères, selon le cas, sont appelés à faire partie de la commission supérieure et ont voix délibérative pour les affaires qui les concernent.

ART. 20. — Les intéressés sont avisés de la réunion de la commission et admis s'ils le demandent, à présenter leurs observations, qui doivent être consignées au procès-verbal

La commission doit donner son avis dans le délai de dix jours au plus, sauf le cas d'enquête ou d'expertises spéciales.

TITRE II

Réglementation du travail à bord des navires.

CHAPITRE 1er

Des officiers.

ART. 21. — Les navires visés à l'article 1er, qui ont une jauge brute d'au moins 700 tonneaux et qui naviguent au long cours, doivent avoir à bord avec le capitaine, pour le service du pont, au moins un officier en second et un lieutenant diplômés.

Les navires d'une jauge brute supérieure à 1,000 tonneaux, naviguant au cabotage international ou au grand cabotage national et accomplissant des voyages les éloignant de plus de 400 milles de tout port français de la métropole, devront avoir à bord, avec le capitaine, pour le service du pont, au moins un officier en second et un lieutenant.

Les navires naviguant au long cours qui ont moins de 700 tonneaux, mais plus de 200 tonneaux de jauge brute, doivent avoir à bord, avec le capitaine, pour le service du pont, au moins un officier en second diplômé.

Les navires d'une jauge brute inférieure à 1,000 tonneaux, mais supérieure à 200 tonneaux, naviguant au cabotage international ou au grand cabotage national et accomplissant des voyages les éloignant de plus de 400 milles de tout port français de la métropole doivent avoir à bord, avec le capitaine, pour le service du pont, au moins un officier en second.

ART. 22. — A la mer et dans les rades foraines, le personnel officier du pont et celui des machines marchent par quarts ; il y a deux quarts au moins pour le personnel officier du pont ; il y en a trois pour celui des machines, dans tous les cas où le personnel des machines comprend lui-même trois quarts.

Tout mécanicien chef de quart doit être breveté.

Aucun officier du bord ne peut refuser son concours, quelle que soit la durée des heures de service qui lui sont commandées. Mais l'organisation des quarts doit être réglée de façon qu'aucun officier du pont n'ait à faire plus de douze heures de service par jour et qu'aucun officier des machines n'ait à faire plus de huit heures, dans tous les cas où le personnel des machines comprend lui-même trois quarts.

Hors les circonstances de force majeure et celles où le salut du navire, des personnes embarquées ou de la cargaison est en jeu, circonstances dont le capitaine est seul juge, toute heure de service commandée au delà des limites fixées par le paragraphe précédent donne lieu à une allocation supplémentaire proportionnelle, qui ne peut être moindre de 1 fr. par heure de service accomplie en plus du service normal.

ART. 23. — Dans le port ou sur une rade abritée, le

personnel officier ne doit, en dehors des circonstances de force majeure, qu'un service de dix heures par jour.

Cependant, le jour de l'arrivée, ainsi que le jour du départ, les périodes cumulées de service en rade ou dans le port et de service à la mer pourront atteindre douze heures pour tout le personnel officier, sans donner lieu obligatoirement à aucune rémunération supplémentaire, à la condition toutefois que ces jours d'arrivée et de départ ne se reproduisent pas plus de deux fois par semaine ; dans le cas contraire, les dispositions des paragraphes 2 et 3 de l'article précédent sont applicables.

CHAPITRE II

De l'équipage.

ART. 24. — A la mer et sur les rades foraines, l'équipage du pont et celui des machines marchent par quarts.

Le personnel du pont comprend deux quarts au moins. L'effectif de cette catégorie de personnel doit être calculé de manière à n'exiger de chaque homme en faisant partie que douze heures de travail par jour.

ART. 25. — Le personnel des machines comprend trois quarts dans la navigation au long cours, ainsi que dans la navigation au cabotage international ou au grand cabotage national, lorsque le navire accomplit des voyages l'éloignant de 400 milles de tout port français de la métropole et si sa jauge brute est supérieure à 1,000 tonneaux. Le règlement d'administration publique, prévu à l'article 54 ci-après, déterminera les autres cas dans lesquels l'équipage des machines devra être réparti en trois quarts.

Chaque quart du personnel des machines doit comprendre au moins un homme par trois fourneaux.

Le chauffeur, pendant son quart, ne doit pas être distrait du service de la chauffe, si ce n'est pour les besoins urgents de la machine.

L'armateur ou le capitaine est tenu de faire connaître aux hommes qui vont s'engager et de déclarer lors de la confection du rôle d'équipage, à la suite des conditions d'engagement, la composition de l'équipage et le nombre des fourneaux existant dans la chaufferie.

A bord des navires à vapeur où le service de la machine comprend trois quarts, la tenue en état des machines est assurée par le personnel des machines, en dehors des heures de quart et sans qu'il puisse réclamer d'allocation supplémentaire, pourvu qu'aucun homme n'y soit employé plus d'une heure sur vingt-quatre.

A bord des navires où le personnel de la machine ne comprend que deux quarts, le travail de tenue en état des machines effectué en dehors des heures de quart donne lieu à l'allocation supplémentaire prévue ci-après.

Dans tous les cas, à chaque quart, le personnel des machines, de concert avec celui du pont, assure l'enlèvement des escarbilles.

ART. 26. — Aucun homme de l'équipage du pont ou des machines ne peut refuser ses services, quelle que soit la durée des heures de travail qui lui sont commandées.

Mais, hors les cas de force majeure et ceux où le salut du navire, des personnes embarquées ou de la cargaison est en jeu, cas dont le capitaine est seul juge, toute heure de travail commandée au delà des limites fixées par les articles 24 et 25 donne lieu à une allocation supplémentaire dont le montant sera réglé par les contrats et usages.

Le capitaine du navire doit faire mention dans son rapport de mer, ainsi que sur le journal du bord, des circonstances exceptionnelles visées aux paragraphes 3 de l'article 22 et 2 du présent article. Cette mention sera visée sur le journal du bord par un représentant, soit du pont, soit des machines.

ART. 27. — Si le navire est dans le port ou sur une rade abritée, l'homme d'équipage n'est tenu que dans les circonstances de force majeure à travailler plus de dix heures par jour, service de veille compris, pour le personnel du pont, et plus de huit heures pour le personnel des machines.

Cependant, le jour de l'arrivée ainsi que le jour du départ, les périodes cumulées de service en rade ou dans le port et de service à la mer pourront atteindre douze heures pour le personnel du pont, sans donner lieu obligatoirement à aucune rémunération supplémentaire, à la condition toutefois que ces jours d'arrivée et de départ ne se reproduisent pas plus de deux fois par semaine ; dans le cas contraire, les dispositions du paragraphe 2 de l'article précédent sont applicables.

ART. 28. — Le dimanche sera, autant que possible, le jour affecté au repos hebdomadaire. Toutefois, le capitaine pourra choisir un autre jour pour tout ou partie de l'équipage.

Dans les ports et rades abritées de France et des colonies, l'équipage du navire ne doit être employé le jour du repos hebdomadaire à un travail quelconque, que si ce travail ne peut être différé.

En mer, sauf les circonstances de force majeure et celles où le salut du navire, des personnes embarquées et de la cargaison est en jeu, circonstances dont le capitaine est seul juge, l'équipage ne doit être tenu d'exécuter, le jour du repos hebdomadaire, que les travaux indispensables pour la sécurité et la conduite du navire, le service des machines, les soins de propreté quotidiens, l'approvisionnement et le service des personnes embarquées. Les soins de propreté ne pourront occuper la bordée de quart plus de deux heures le matin.

Hors les circonstances de force majeure et celles où le salut du navire, des personnes embarquées ou de la cargaison est en jeu, et sauf la nécessité de pourvoir à l'approvisionnement et au service des personnes embarquées, toute heure de travail commandée le jour du repos hebdomadaire dans le port ou sur rade, donne lieu à l'allocation supplémentaire prévue à l'article 26 de la présente loi.

CHAPITRE III

Des novices et des mousses.

ART. 29. — L'inscription provisoire sur les registres de l'inscription maritime et l'embarquement, à titre professionnel, sont interdits pour les enfants âgés de moins de treize ans révolus. Ceux-ci peuvent toutefois être inscrits provisoirement et embarqués si, étant âgés de douze ans au moins, ils sont titulaires du certificat d'études primaires.

L'inscription provisoire est subordonnée à la présentation d'un certificat d'aptitude physique délivré à titre gratuit par un médecin désigné par l'autorité maritime; si ce certificat ne constate l'aptitude de l'enfant que pour un genre de navigation, celui là seul est permis.

ART. 30. — Le service des novices et des mousses à bord des navires visés à l'article 1er est réglé par les articles 24, 25, 26 et 27 précédents et relatifs au travail des équipages du pont et des machines ; mais ce service est subordonné, indépendamment des dispositions de l'article précédent, aux dispositions spéciales qui suivent :

a) L'embarquement des mousses n'ayant pas quinze ans révolus au moment du départ du navire est désormais interdit sur tout navire armé pour les grandes pêches de Terre-Neuve et d'Islande.

b) Sur tout navire visé à l'article 1er, il est interdit de faire faire le service des quarts de nuit, de huit heures du soir à quatre heures du matin, aux novices et aux mousses, et la durée totale de leur travail ne pourra dépasser la durée réglementaire du travail du personnel. Leur travail supplémentaire sera rétribué.

Les mousses et les novices ne pourront être employés au travail des chaufferies ni des soutes.

c) Le nombre de novices et de mousses à embarquer sur lesdits navires est déterminé à raison d'un mousse ou d'un novice par quinze hommes ou fraction de quinze hommes d'équipage.

CHAPITRE IV

De la nourriture du personnel embarqué sur les navires.

ART. 31. — Il est interdit à tout propriétaire de navire de charger à forfait le capitaine ou un membre quelconque de l'état-major de ce navire de la nourriture du personnel embarqué.

Les aliments destinés à l'équipage doivent être sains, de bonne qualité, en quantité suffisante et d'une nature appropriée au voyage entrepris.

La composition de la ration distribuée devra être équivalente à celle prévue pour les marins de la flotte. Pour l'accomplissement et le contrôle de cette prescription, un tableau d'équivalences sera établi par un arrêté ministériel ; ce tableau fixera la ration maximum de boissons alcooliques qui pourra être embarquée et distribuée.

Le tableau d'équivalence ci-dessus prévu et la composition des rations distribuées seront affichés d'une manière permanente dans les postes du personnel. À chaque distribution, le personnel du pont et celui des machines pourront faire choix à tour de rôle d'un de leurs membres pour vérifier les quantités distribuées.

Les retranchements opérés par le capitaine sur les distributions donneront lieu, sauf le cas de force majeure et celui de retranchement de boisson fermentée prononcé à titre de peine dans les conditions prévues par le décret du 24 mars 1852, à une indemnité représentive du retranchement opéré (1).

Les circonstances de force majeure sont constatées

---

(1) D'après l'art. **52 du décret du 24 mars 1852** modifié par les lois du 15 avril 1898 et 31 juillet 1902, « les peines applicables aux fautes de discipline, sont : Pour les hommes d'équipage..... le retranchement de la ration de boisson fermentée, au plus pendant 3 jours et à 2 repas par jour.... La peine du cachot peut être accompagnée du retranchement de la ration de boisson fermentée et s'il s'agit d'un homme dangereux ou en prévention de crime, la peine pourra être prolongée aussi longtemps que la nécessité l'exige. »

D'après les art. 7 et 53 de ce même décret ; « dans tous les cas et en quelque lieu que se trouve le navire, le capitaine, maître ou patron peut infliger, à titre de peine de discipline, le retranchement de boisson fermentée pendant 8 jours sans en référer préalablement à l'autorité compétente, mais à charge par lui de lui en rendre compte dans le plus bref délai possible. »

sur procès-verbaux signés du capitaine, du médecin du bord, s'il y en a un, et des deux représentants du personnel du navire ci-dessus indiqués.

CHAPITRE V

Dispositions spéciales.

ART. 32. — Les dispositions des articles 21, 22, 23, 24, 25, 26, 27 et 28 et le paragraphe *b* de l'article 30 ne sont pas applicables aux navires armés à la pêche, quel que soit le tonnage de ces navires et quel que soit le genre de pêche qu'ils pratiquent.

Il en est de même pour les bâtiments de commerce de moins de 200 tonneaux de jauge brute et pratiquant des navigations autres que le long-cours et le cabotage international.

Le règlement d'administration publique prévu à l'article 54 ci-après déterminera les conditions dans lesquelles le travail sera organisé à bord des catégories de bâtiments visés aux deux paragraphes qui précèdent.

TITRE III

Pénalités.

CHAPITRE Ier

Propriétaires et armateurs.

ART. 33. — Est puni d'une amende de 100 à 1,000 fr., pour chaque infraction constatée, tout armateur ou propriétaire qui ne se conforme pas aux prescriptions des articles 21 à 31 de la présente loi et à celle des règlements d'administration publique prévus aux articles 53 et 54 ci-après.

ART. 34. — Est puni d'une amende 200 à 2,000 fr. et d'un emprisonnement de huit jours à six mois ou de l'une de ces deux peines seulement, tout armateur ou propriétaire qui a continué à faire naviguer un navire visé à l'article 1er dont le permis de navigation a été suspendu en vertu de l'article 14 de la présente loi.

Est puni pour chaque infraction constatée, d'une amende de 400 à 4,000 fr. et d'un emprisonnement de un mois à un an ou de l'une de ces deux peines seulement, tout armateur ou propriétaire qui a fait naviguer un navire visé à l'article 1er pour lequel le permis de navigation a été refusé ou retiré par application des articles 13 et 14 de la présente loi.

Art. 35. — Est puni d'une amende de 100 à 1,000 fr. tout armateur ou propriétaire qui a fait naviguer un navire visé à l'article 1er avec un permis de navigation périmé, à moins que la déchéance du permis ne soit survenue en cours de route.

Art. 36. — Dans les cas prévus aux trois articles précédents, l'armateur ou propriétaire qui commande lui-même son navire peut, indépendamment des peines dont il est passible en vertu desdits articles, être puni par le ministre de la marine du retrait temporaire ou définitif de la faculté de commander.

CHAPITRE II

Capitaines et équipages.

Art. 37. — Le capitaine qui a commis personnellement, ou d'accord avec l'armateur ou propriétaire du navire, les infractions prévues et réprimées par les articles 33, 34 et 35, est passible des pénalités prévues auxdits articles.

Art. 38.— Les peines prononcées contre le capitaine pourront être réduites au quart de celles prononcées contre l'armateur ou propriétaire, s'il est prouvé que le capitaine a reçu un ordre écrit ou verbal de cet armateur ou propriétaire.

Art. 39. — Tout membre de l'équipage qui aura provoqué une visite à bord en s'appuyant sciemment sur des allégations inexactes, sera puni de six jours à trois mois de prison ; s'il n'y a pas eu mauvaise foi de sa part, la peine de l'emprisonnement pourra descendre au-dessous de six jours.

CHAPITRE III

Récidive. — Compétence. — Prescription.

Art. 40. — Les peines d'amende et d'emprisonnement prévues aux articles 33 à 35 inclus et aux articles 37, 38 et 39 peuvent être portées au double en cas de récidive.

Il y a récidive lorsque le contrevenant a subi, dans les douze mois qui précèdent, une condamnation pour des faits réprimés par la présente loi.

Art. 41. — Les infractions prévues par la présente loi sont de la compétence des tribunaux correctionnels.

Art. 42. — Les dispositions de l'article 463 du code pénal (1) et de la loi du 26 mars 1891 sur le sursis à l'exécution de la peine (2) sont applicables aux infractions prévues par la présente loi.

Art. 43. — Dans les cas prévus par la présente loi, l'action publique et l'action civile se prescrivent dans

---

(1) **Art. 463 Code pénal.** — « Dans tous les cas où la peine de l'emprisonnement et celle de l'amende sont prononcées par le Code pénal. si les circonstances paraissent atténuantes, les tribunaux correctionnels sont autorisés, même en cas de récidive, à réduire l'emprisonnement même au-dessous de six jours et l'amende même au-dessous de seize francs ; ils pourront aussi prononcer séparément l'une ou l'autre de ces peines, et même substituer l'amende à l'emprisonnement, sans qu'en aucun cas elle puisse être au-dessous des peines de simple police.

Dans le cas où l'amende est substituée à l'emprisonnement, si la peine de l'emprisonnement est seule prononcée par l'article dont il est fait application, le maximum de cette amende sera de 3,000 francs. »

(2) **Loi du 26 mars 1891** sur l'atténuation et l'aggravation des peines.

Art. 1er. — En cas de condamnation à l'emprisonnement ou à l'amende, si l'inculpé n'a pas subi de condamnation antérieure à la prison pour crime et délit de droit commun, les cours ou tribunaux peuvent ordonner, par le même jugement et par décision motivée, qu'il sera sursis à l'éxécution de la peine. — Si, pendant le délai de cinq ans, à dater du jugement ou de l'arrêt, le condamné n'a encouru aucune poursuite suivie de condamnation à l'emprisonnement ou à une peine plus grave pour crime ou délit de droit commun, la condam-

les conditions fixées par les articles 636 et 638 du code d'instruction criminelle (1).

Art. 44. — En cas de négligence ou de manquement d'une nature quelconque dans l'exercice de leurs fonctions, commis par des membres de la commission prévue à l'article 4 ou des experts dont la nomination est prévue aux articles 6 et 8 et qui ne sont ni officiers, ni fonctionnaires en activité de service, le ministre de la marine, ou le ministre du commerce et de l'industrie suivant les cas, pourra prononcer la radiation momentanée ou définitive de ces membres de la liste générale prévue au paragraphe 13 de l'article 4.

---

nation sera non avenue. — Dans le cas contraire, la première peine sera d'abord exécutée sans qu'elle puisse se confondre avec la seconde.

Art. 2. — La suspension de la peine ne comprend pas le payement des frais du procès et des dommage-intérêts. Elle ne comprend pas non plus les peines accessoires et les incapacités résultant de la condamnation. Toutefois, ces peines accessoires et ces incapacités cesseront d'avoir effet du jour où, par application des dispositions de l'article précédent, la condamnation aura été réputée non avenue.

Art. 4. — La condamnation est inscrite au casier judiciaire, mais avec la mention expresse de la suspension accordée. Si aucune poursuite suivie de condamnation dans les termes de l'art. 1er, § 2, n'est intervenue dans le délai de cinq ans, elle ne doit plus être inscrite dans les extraits délivrés aux parties.

(1) **Art. 636 du Code d'instruction criminelle :** Les peines portées par les arrêts ou jugements rendus en matière correctionnelle, se prescriront par cinq années révolues à compter de la date de l'arrêt ou du jugement rendu en dernier ressort ; et, à l'égard des peines prononcées par les tribunaux de première instance, à compter du jour où ils ne pourront plus être attaqués par la voie de l'appel.

D'après l'art. **638** : S'il s'agit d'un délit de nature à être puni correctionnellement, l'action publique et l'action civile se prescriront après trois années révolues, à compter du jour où le délit aura été commis, si dans cet intervalle il n'a été fait aucun acte d'instruction ni de poursuite. S'il a été fait dans cet intervalle des actes d'instruction ou de poursuite non suivis de jugement, l'action publique et l'action civile ne se prescriront qu'après trois années révolues, à compter du dernier acte, à l'égard même des personnes qui ne seraient pas impliquées dans cet acte d'instruction ou de poursuite.

La radiation est prononcée sur l'avis de la commission supérieure instituée par l'article 19.

Les dispositions des paragraphes 1 et 2 de l'article 177 du code pénal sont applicables aux membres de la commission et aux experts visés au paragraphe 1er du présent article. Celles des articles 179 et 180 du même code sont applicables aux armateurs et propriétaires de navires, ainsi qu'à leurs capitaines ou autres représentants (1).

ART. 45. — Le montant des sommes provenant des amendes prononcées en vertu de la présente loi est versé pour moitié à la caisse des invalides de la marine, pour moitié à la caisse de prévoyance des marins français.

---

(1) **Art. 177. Code pénal** : Tout fonctionnaire public de l'ordre administratif ou judiciaire, tout agent ou préposé d'une administration publique, qui aura agréé des offres ou promesses, ou reçu des dons ou présents, pour faire un acte de sa fonction ou de son emploi, même juste, mais non sujet à salaire, sera puni de la dégradation civique, et condamné à une amende double de la valeur des promesses agréées ou des choses reçues, sans que ladite amende puisse être inférieure à deux cents francs.

La présente disposition est applicable à tout fonctionnaire, agent ou préposé de la qualité ci-dessus exprimée, qui, par offres ou promesses agréées, dons ou présents reçus, se sera abstenu de faire un acte qui entrait dans l'ordre de ses devoirs.

Art. 179. Code pénal : Quiconque aura contraint ou tenté de contraindre par voies de fait ou menaces, corrompu ou tenté de corrompre par promesses, offres, dons ou présents, l'une des personnes de la qualité exprimée en l'art. 177, pour obtenir soit une opinion favorable, soit des procès-verbaux, états, certificats ou estimations contraires à la vérité... soit tout autre acte du ministère du fonctionnaire agent ou préposé, soit enfin l'abstention d'un acte qui rentrait dans l'exercice de ses devoirs, sera puni des mêmes peines que la personne corrompue. Toutefois, si les tentatives de contrainte ou de corruption n'ont eu aucun effet, les auteurs de ces tentatives seront simplement punis d'un emprisonnement de trois mois au moins et de six mois au plus et d'une amende de cent francs à trois cents francs.

Art. 180. Code pénal : Il ne sera jamais fait au corrupteur restitution des choses par lui livrées, ni de leur valeur; elles seront confisquées...

TITRE IV

Dispositions générales.

Art. 46. — Toute clause de contrat d'engagement contraire aux dispositions des articles 21 à 30 précédents et aux règlements d'administration publique qui les concernent est nulle de plein droit.

Art. 47. — Dans tous les articles de la présente loi, l'expression de capitaine qui y figure doit être comprise comme concernant le capitaine, maître ou patron, ou celui qui en remplit effectivement les fonctions.

Art. 48. — A partir de la promulgation de la présente loi, le permis de navigation, institué pour la navigation d'agrément par l'article 1er de la loi du 20 juillet 1897, prend le nom de permis de plaisance.

Art. 49. — La présente loi est applicable à la navigation de plaisance, sauf en ce qui concerne les articles 21 à 31 (titre II, chapitres I, II, III et IV).

Un règlement d'administration publique spécial, rendu après avis du conseil supérieur de la navigation maritime, déterminera pour les navires de plaisance de plus de 25 tonneaux les conditions d'application desdits articles 21 à 31 et celles auxquelles devront satisfaire les propriétaires de ces navires pour avoir le droit d'en exercer le commandement.

Art. 50. — Indépendamment des dispositions de la présente loi, les navires affectés au transport des émigrants ou à un service postal restent soumis au régime spécial auquel ils sont assujettis, soit par les lois et décrets relatifs à l'émigration, soit par les cahiers des charges concernant l'exploitation de services maritimes postaux.

Art. 51. — Les membres des commissions prévues aux articles 4, 6, 8 et 19, qui ne sont ni officiers ni fonctionnaires en activité de service, recevront des rétributions sur les fonds du budget du département de la marine. Ils ne seront pas assujettis, en raison de ces fonctions, à la contribution des patentes.

Art. 52. — La visite avant mise en service et les visites périodiques donneront lieu à la perception d'un droit qui sera de 5 centimes par tonneau de jauge brute pour les navires armés au long-cours, et de 3 centimes pour les navires armés au cabotage ou à la pêche. Ce droit sera dû par le propriétaire du navire visité, qui sera exempt de tous autres frais.

Les visites de partance donneront lieu, quelle que soit la nationalité du navire, à la perception d'un droit de vingt francs (20 fr.) pour les navires armés au long-cours ou au cabotage international, et de dix francs (10 fr.) pour les navires armés au cabotage national. Les visites de partance faites aux navires armés à la grande pêche seront gratuites, de même que celles facultativement faites aux navires armés au bornage ou à la petite pêche.

Il ne pourra pas être perçu plus d'un droit de visite par mois pour le même navire. La présentation du dernier certificat de visite, mentionnant que le droit a été acquitté, justifiera de son payement dans tout port français.

Les visites exceptionnelles donneront lieu : à la perception d'un droit de vingt francs (20 fr.) pour les navires armés au long-cours ou au cabotage international ; à la perception d'un droit de dix francs (10 fr.) pour les navires se livrant aux autres navigations. Ce droit sera à la charge des armateurs, sauf dans le cas de réclamation de l'équipage reconnue non fondée ; dans ce cas, l'administrateur de l'inscription maritime retiendra le montant de ce droit sur le salaire des plaignants dont la mauvaise foi aura été reconnue.

Art. 53. — Un règlement d'administration publique, rendu sur la proposition du ministre de la marine et du ministre du commerce et de l'industrie, après avis du conseil supérieur de la navigation maritime, fixera :

1° Les renseignements, dessins et plans que devra contenir toute demande adressée à l'administrateur de l'inscription maritime par le propriétaire d'un navire de plus de 25 tonneaux de jauge brute, en vue d'obtenir un permis de navigation ;

2° Le cube d'air des locaux affectés à l'habitation de l'équipage et des personnes embarquées et les dispositions générales propres à en assurer la salubrité, l'installation des couchettes, lavabos et autres détails afférents à ces locaux, les mesures de propreté et d'entretien qui y seront observées et les aménagements nécessaires à la bonne conservation des vivres et des boissons ;

3° Les conditions que devront remplir les appareils à vapeur, qu'il s'agisse d'un navire à vapeur ou à propulsion mécanique ou d'un navire comportant des appareils à vapeur ;

4° L'énumération des instruments nautiques et de tous les objets d'armement et de rechange qui devront être obligatoirement à bord de tout navire, ainsi que les conditions auxquelles doivent satisfaire ces différents instruments ou objets pour remplir leur destination ;

5° L'énumération des installations, embarcations, appareils ou engins de sauvetage que devra posséder le navire en vue d'assurer le sauvetage collectif ou individuel, ainsi que les communications, en cas de sinistre, du navire avec la terre ;

6° Le détail du matériel médical et pharmaceutique établi d'après la durée de la navigation et le chiffre du personnel embarqué ;

7° Les règles générales d'après lesquelles sera calculé le tirant d'eau maximum et seront apposées les marques qui devront indiquer ce maximum sur la coque des navires, règles pour la détermination desquelles il sera fait appel au concours de sociétés de classification reconnues par le ministre de la marine ;

8° Les règles générales d'après lesquelles sera calculé, pour les navires à passagers, le nombre maximum de ceux-ci ;

9° Les règles d'après lesquelles il pourra être exigé un médecin à bord des navires de commerce ;

10° Les détails relatifs au fonctionnement de la commission supérieure et à la procédure à suivre pour les appels, avis enquêtes et expertises ;

11° Les conditions dans lesquelles la présente loi et les règlements d'administration publique rendus pour assurer son exécution seront portés à la connaissance des intéressés.

Les prescriptions de ce règlement d'administration publique qui entraîneraient des modifications notables d'aménagement, d'installation ou de construction ne seront pas applicables aux navires en service au moment de la mise en vigueur de la loi.

Art. 54. — Un règlement d'administration publique rendu sur la proposition du ministre de la marine et du ministre du commerce et de l'industrie, après avis du conseil supérieur de la navigation maritime déterminera :

1° Celles des prescriptions qui ne seront pas applicables, ou qui ne seront applicables que sous certaines réserves aux navires en service au moment de la mise en vigueur de la présente loi ;

2° Les circonstances dans lesquelles l'autorité maritime pourra exiger que le service du pont, pour les officiers, soit organisé en plus de deux quarts ;

3° Les cas autres que ceux indiqués au paragraphe 1er de l'article 25, dans lesquels le personnel des machines devra comprendre trois quarts ;

4° Les conditions dans lesquelles le travail sera organisé sur les navires visés à l'article 32 de la présente loi ;

5° Les exceptions que, d'une manière générale, devra comporter la réglementation du travail édictée par les articles 21 à 30 inclus, que ces exceptions soient motivées par la brièveté des traversées, la fréquence et la durée des séjours dans les ports, la nature du service auquel le navire est destiné, ou pour toute autre cause.

Art. 55. — Les bâtiments de commerce ou de pêche de moins de 25 tonneaux de jauge brute seront soumis à une visite annuelle. Un règlement d'administration publique déterminera les formes dans lesquelles sera assurée la surveillance permanente des appareils à vapeur ou à propulsion mécanique.

Art. 56. — Les navires de plus de 25 tonneaux ne seront plus soumis à d'autres visites que celles prescrites par les articles 1, 5 et 7 de la présente loi.

La présente loi sera mise en vigueur six mois après la promulgation des règlements d'administration publique prévus aux articles 53 et 54.

Toutefois, pour les navires actuellement en service, le ministre de la marine pourra accorder des délais en raison de l'état actuel de leurs aménagements et de l'importance du matériel de la compagnie ou de la maison d'armement à laquelle ils appartiennent, de manière à faciliter l'application progressive des dispositions de la présente,

Art. 57. — Sont abrogés, à partir de la mise en vigueur des règlements d'administration publique prévus par la présente loi, tous textes de lois, décrets, règlements, circulaires ayant pour objet la visite des bâtiments, et notamment les dispositions y relatives du règlement du roi du 13 février 1785, des décrets du 4 juillet 1853, du décret du 19 novembre 1859 et du décret du 2 juillet 1894.

Seront également abrogés, à partir de la mise en vigueur de la présente loi, le décret du 1er février 1893, et tous les actes relatifs à l'embarquement des novices et des mousses à bord des navires de commerce et de pêche, notamment les décret-loi et décrets des 23 mars 1852, 15 mars 1862 et 2 mai 1863.

Est abrogé le deuxième paragraphe de l'article 76 du décret-loi disciplinaire et pénal pour la marine marchande du 24 mars 1852.

Sont abrogées, d'une manière générale, toutes dispositions des lois, décrets et règlements antérieurs en ce qu'elles ont de contraire à la présente loi.

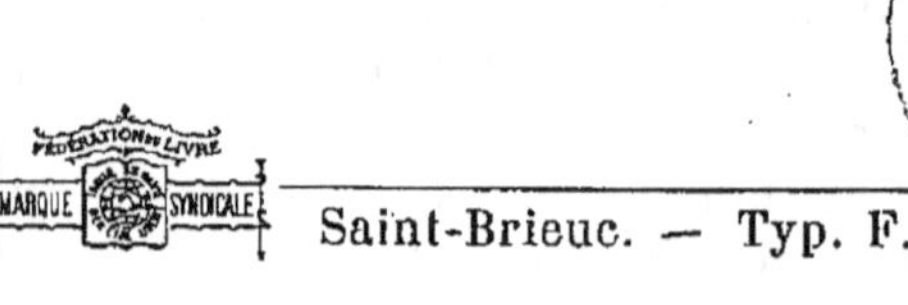

Saint-Brieuc. — Typ. F. Guyon.